TABLEAUX ET DESSINS

Anciens et Modernes

BRONZES ET OBJETS D'ART

CATALOGUE

DE

DESSINS ANCIENS ET MODERNES

PAR

Bonington, Boucher, Jules Dupré, Fragonard
Géricault, Van Goyen, Grandville
Greuze, Hilaire, Hoin, Isabey, Lagneau, Léonard de Vinci
Meissonier, Michel
Ostade, Rousseau, Rubens, etc., etc.

TABLEAUX ANCIENS ET MODERNES

PAR

David, Van Dyck, Van Goyen
Hervier, G. Michel, Rousseau (Théodore), etc., etc.
Et de l'École anglaise

GROUPE EN TERRE CUITE PAR CLODION

Bronzes de Barye

OBJETS D'ART ET MINIATURES

Appartenant à M. S...

ET DONT LA VENTE AURA LIEU

HOTEL DROUOT — SALLE N° 7

Le Lundi 1er Juin 1896, à 2 heures

COMMISSAIRE-PRISEUR

Mᵉ Maurice DELESTRE

Rue Saint-Georges, 5

EXPERTS

Pour les Dessins	Pour les Tableaux et Objets d'Art
M. J. BOUILLON	M. B. LASQUIN
Rue des Saints-Pères, 5	Rue Laffitte, 12

EXPOSITION PUBLIQUE

Le Dimanche 31 Mai 1896, de 1 heure 1/2 à 5 heures

PARIS — 1896

CONDITIONS DE LA VENTE

Elle sera faite expressément au comptant.

Les Acquéreurs paieront CINQ POUR CENT en sus des prix d'adjudication.

L'Exposition mettant le public à même de se rendre compte de l'état et de la nature des objets, il ne sera admis aucune réclamation une fois l'adjudication prononcée.

MAULDE, DOUMENC et Cie, imp. de la Compagnie des Commissaires-Priseurs
rue de Rivoli, 144.   5oo—5go63

DÉSIGNATION

—

DESSINS

BONINGTON (R.-P.)

400 1 — Marine.

> Signé à gauche.
> Aquarelle.

BOUCHER (Fr.)

50— 2 — Projet de Fontaine.

> Pierre noire rehaussée de blanc.

BOUCHER (Fr.)

199 3 — Portrait de jeune Fille, la gorge nue.

> Aux crayons de couleur.

CASANOVA

33 4 — Choc de cavalerie.

> Plume et lavis.

DAUBIGNY

5 — Paysage.
24—

> Signé à gauche.
> Aquarelle.

DE LA BELLA

6 — Tournoi.

> Pour un frontispice.
> Collection du Baron Denon.
> A la plume et au lavis de bistre.

DE LA BELLA

7 — Gentilhomme marchant.

> Marque de collection.
> A la plume.

DELACROIX (Eugène)

8 — Marine.

> Marque de la vente de l'artiste.
> Au lavis.

DUPRÉ (Jules)

9 — Paysage.

> Crayon noir et fusain.

ÉCOLE ANGLAISE

10 — Bohémienne.

> Pierre noire rehaussée de blanc.

ÉCOLE DE DUMONSTIER

11 — Portrait de Femme.

> Pierre noire.

ÉCOLE FRANÇAISE DU XVIIIᵉ SIÈCLE

12 — Portrait de Femme.

> Pierre noire avec rehauts de blanc.

FRAGONARD

13 — Le Sacrifice de la rose.
Pierre noire.

FRAGONARD

14 — La Mauvaise Mère.
Pierre noire lavée de bistre.

GAVARNI

15 — Ça, un Téniers!!!
Pour le *Diable à Paris.*
Mine de plomb.

GÉRICAULT

16 — Satyre et Bacchante.
Lavis gouaché.

GRANDVILLE

17 — Le Chenil.
Caricature politique (avec la lithographie).
Plume.

GRANDVILLE

18 — Caricature politique.
Importante composition.
Porte le cachet de la vente de l'artiste.
Plume.

GRANDVILLE

19 — Illustration pour *Jérôme Paturot.*
Plume et lavis.

GREUZE

20 — Le Paralytique.

> Signé J.-B. Greuze, 1753.
> Aquarelle gouachée.

GREUZE

21 — La Paie chez le Fermier.

> Importante composition à la plume et au lavis.

HILAIR

22 — La Promenade dans le parc.

> Signé.
> Aquarelle gouachée.

HOIN

23 — Portrait de Femme.

> Signé : Cl. Hoin, 1790.
> Pierre noire avec rehauts de blanc.

HOIN

24 — Portrait d'Homme.

> Signé : Hoin, 1790.
> Pierre noire avec rehauts de blanc.

ISABEY (J.-B.)

25 — Portrait d'Hubert Robert.

> Pierre noire avec rehauts de blanc.

JACQUE (Charles)

26 — La Rentrée du troupeau.

> A été gravé.
> Signé à gauche.
> Crayons noir et blanc.

LAGNEAU

27 — Portrait d'une vieille Femme riant.
Pierre noire.

LANCRET

×28 — Joueur de vielle.
Sanguine.

LALLEMAND

29 — Le Marché aux veaux.
Signé.
Aquarelle.

LAWRENCE (Th.)

30 — Portrait de Femme.
Aquarelle.

LÉONARD DE VINCI

31 — Têtes d'expression et d'ornement.
Collections Mariette et Pierre Lély.
Deux dessins à la plume.

LUCAS DE LEYDE

32 — Portrait de vieille Femme.
Pierre noire avec rehaut de blanc.

MEISSONIER (E.)

33 — Homme debout.
Mine de plomb.

MICHEL (Georges)

34 — Vue de Montmartre.
Aquarelle.

MONNIER (Henri)

35 — Réunion d'Hommes d'affaires.

A la plume et au lavis.

MOREAU l'aîné

36 — Paysage avec figures.

Aquarelle.

MOUCHERON

37 — Paysage historique.

Aquarelle.

NICOLLE

38 — Vue de la place Vendôme.

Aquarelle.

OSTADE (Ad.)

39 — Dessin pour « Les Harangueurs. »

Plume et lavis.

OUDRY

40 — Rendez-Vous de chasse.

Signé et daté 1874.

Pierre noire avec rehauts de blanc.

PATER

41 — Plusieurs Personnages dans différentes attitudes.

Sanguine.

Cadre en bois sculpté.

PRUD'HON (P.-P.)

42 — Son Portrait.

> Signé et daté.
> A la plume.

REMBRANDT

43 — Tobie et l'Ange.

> Plume et lavis de bistre.

REMBRANDT

44 — Paysage.

> Plume et lavis de sépia.

REMBRANDT

45 — Vieillard assis, coiffé d'un chapeau à larges bords.

> Marque de collection.
> Pierre noire et lavis.

REMBRANDT

46 — Homme et Femme conversant.

> A la plume.

REMBRANDT

47 — Jeune Homme coiffé d'un casque orné d'une plume.

> Collection Andréossy.
> A la plume.

ROBERT (Hubert)

48 — Ruines avec figures et animaux.

> Sanguine. Avec la gravure.

ROUSSEAU (Th.)

49 — Paysage.

> Signé du monogramme.
> Mine de plomb rehaussée de blanc.

ROUSSEAU (Th.)

50 — Coucher de soleil.

> Aquarelle.

ROUSSEAU (Th.)

51 — Paysage avec des oiseaux aquatiques.

> Signé à la gouache à gauche Th. R.
> Fusain.

ROUSSEAU (Th.)

52 — Paysage avec rivière.

> Fusain.

ROWLANDSON

53 — Un Tribunal en Angleterre.

> Aquarelle.

RUBENS (P.-P.)

54 — Hercule enchaînant les Cercopes.

> Dessin polychrome à l'essence.

RUBENS (P.-P.)

55 — Tête de Vieillard.

> Dessin polychrome à l'essence.

RUBENS (P.-P.)

56 — Tête de Chérubin.

> Pierre noire avec rehauts de blanc.

GABRIEL DE SAINT-AUBIN

57 — La Promenade publique.

Pierre noire.

SCHAUFFELEIN (HANS)

58 — Descente de Croix.

A la plume.

SLODTZ (MICHEL-ANGE)

59 — Bal paré et travesti.

Plume et lavis.

TÉNIERS LE JEUNE

60 — Scène de place publique.

Mine de plomb.

TERBURG (G.)

61 — Homme et Femme.

Sanguine.

TIÉPOLO (GIAMBATTISTA)

62 — Portrait d'un Doge.

A la gouache.

TIÉPOLO (GIAMBATTISTA)

63 — Portrait d'un Doge.

Plume et lavis de bistre.

VAN GOYEN

64 — Paysage.

Pierre noire.

VAN GOYEN

20-65 — Paysage, bords de rivière.

Pierre noire.

VAN GOYEN

50   66 — Paysage, bords de rivière.

Pierre noire.

VELASQUEZ

75- 67 — Le Bouffon de Philippe IV.

Pierre noire et sanguine.

VERNET (Carle)

40. 68 — L'acteur Dosainville dans *les Chasseurs et la Laitière*.

Avec la gravure en couleur.
Plume et lavis.

VIGÉE (Louis)

100- 69 — Portrait de Femme.

Pastel.

VILLE le Fils

110-70 — Jeune Fille souriant.

A la sanguine.

45- 70-bis

TABLEAUX

BONINGTON (R.-P.)

71 — Marine.

DAVID (L.)

72 — Portrait présumé de Pauline Borghèse.

DAVID (L.)

73 — Portrait de Femme âgée.

DEMARNE (J.-L.)

74 — Paysage avec figures et animaux

DUMONT

75 — Portrait de Femme.

Signé, daté 1792.

ÉCOLE ANGLAISE

76 — Paysage avec figures.

ÉCOLE ANGLAISE

77 — Paysage avec figures et animaux.

ÉCOLE ANGLAISE

78 — La Marchande d'oiseaux.

Forme ronde.

Diamètre : 0^{m}45.

ÉCOLE ANGLAISE

79 — Paysage, masure. Avec figures.

ÉCOLE DE CLOUET

80 — Portrait d'une Duchesse de Lorraine.

EISEN (Charles)

81 — L'Amour prédicateur.

FYT (J.)

82 — Chien gardant du gibier.

GÉRICAULT

83 — Étude pour une tête de Christ.

GOYEN (J. Van)

84 — Vue de ville. Paysage. Marine.

HERVIER

85 — Ancienne Maison avec figures et animaux.

MICHEL (Georges)

86 — Le Chemin tournant.

MICHEL (Georges)

87 — Paysage.

En travers.
Figures et animaux par Demay.

MICHEL (Georges)

88 — Paysage avec figures.

PORBUS (École de)

89 — Portrait de jeune Fille avec collerette et armoi-
ries.

Cadre en bois sculpté.

RAFFET (Attribué à)

90 — La Mort de Marceau.

ROUSSEAU (Théodore)

91 — Paysage avec animaux.

SWEBACH DES FONTAINES

92 — Convoi en marche.

THÉOCOPULI (El Greco)

93 — Portrait du pape Pie V.

TROYON (Attribué à)

94 — Étude de bœuf.

VAN DYCK

95 — Portrait du Cardinal Ferdinand d'Autriche.
Grisaille.
Cadre en bois sculpté.

WATTEAU de Lille

96 — Soldats attablés et buvant.

BRONZES, MINIATURES

OBJETS D'ART

BARYE

97 — Thésée et le centaure Bienor.
Épreuve ancienne.
Patine verte.

BARYE

98 — Tigre dévorant une antilope.

CHINARD (de Lyon)

99 — Terre cuite : Médaillon de Bonaparte, Premier Consul.

CLODION

100 — Beau Groupe en terre cuite sur socle en marbre : deux Satyres, l'un debout, l'autre accroupi, soutiennent une Faunesse qu'ils entraînent.

H. 0^m30; L. 0^m23.

COSWAY (R.)

101 — Émail : Portrait de jeune Femme dans un paysage.

Dans un cadre Empire.
Au verso, on lit : *Mlle de Kuer-Alli, femme de lettres.*
Signé sous le bras droit.

DUBOIS (Paul)

102 — Le Chanteur florentin.

Épreuve ancienne.

Hauteur : 1^m15.

ÉCOLE DE BENVENUTO CELLINI

103 — Serrure, bronze ciselé.

ÉCOLE FRANÇAISE DU XVIIIe SIÈCLE

104 — Médaillon en bois sculpté : Portrait de jeune Fille.

FLAMAND (François)

105 — L'Amour endormi sur son carquois.

Marbre blanc. Avec socle.

FLAMAND (François)

106 — L'Enfant Jésus.

Bois sculpté.
Cadre ancien en bois sculpté.

HALL (Attribué à)

107 — Portrait de jeune Femme décolletée avec des roses dans les cheveux.

MIERIS (Franz van)

108 — Miniature à l'huile sur cuivre.

PERRONEAU

109 — Portrait de son maître, le graveur Laurent Cars.

Boîte, forme ronde.

SAINT (Attribué à)

110 — Portrait d'Homme.

XVIᵉ SIÈCLE

111 — Sainte Vierge.

Bois sculpté flamand.

Hauteur : 0ᵐ95.

XVIᵉ SIÈCLE

112 — Buste d'Anne de Foix, abbesse de Jouarre.

Bois sculpté.

XVIᵉ SIÈCLE

113 — Empereur romain lauré.

> Bronze.

XVIᵉ SIÈCLE

114 — Statue équestre de Marc-Aurèle.

> Bronze.

XVIᵉ SIÈCLE

115 — La Tireuse d'épine.

> Bronze. Sur fût de colonne en marbre.

XVIIᵉ SIÈCLE

116 — Saintes Femmes au Tombeau.

> Groupe en bois polychromé.

XVIIᵉ SIÈCLE

117 — Portrait de Femme.

> Miniature.

XVIIᵉ SIÈCLE

118 — Portrait de Mᵐᵉ de Maintenon.

> Miniature à l'huile, sur cuivre.
> Cadre en bois sculpté.

XVIIIᵉ SIÈCLE

119 — Jupiter et Léda.

> Deux bronzes allégoriques.